Carolin Callies
schatullen &
bredouillen

Gedichte

Schöffling & Co.

Erste Auflage 2019
© Schöffling & Co. Verlagsbuchhandlung GmbH,
Frankfurt am Main 2019
Alle Rechte vorbehalten
Zitat auf Seite 5 aus: Paul Celan, *Deine Augen im Arm*, in: ders. Die Gedichte.
Kommentierte Gesamtausgabe in einem Band. Herausgegeben und kommentiert
von Barbara Wiedemann. © Suhrkamp Verlag Frankfurt am Main 2003.
Alle Rechte bei und vorbehalten durch Suhrkamp Verlag Berlin.
Satz: Fotosatz Amann, Memmingen
Druck & Bindung: Pustet, Regensburg
ISBN 978-3-89561-449-1

www.carolin-callies.de
www.schoeffling.de

»Mach den Ort aus, machs Wort aus.
Lösch. Miß.«
Paul Celan

ERSTES KAPITEL

atlas eines stelldicheins

schöne ware feil

ich trage knochen auf den berg
& hab nen bündel bäume auf dem rücken,
auf dem weh. hab nen krämerladen schulterns,
hab die bürsten, miederwaren, dreißig samen, zugekauftes.

dort geh ich hausieren: sensen, wetzstein, puppenfein
& bring die feldfrucht, ellenware, landverlesen.
ich trag schutt & weichgelaibtes, trag finstere funzeln hinauf
& kann den gipfel kaum mehr finden:

du bist das erste graue stück, das ich seh.
trage tüten voll moos & voll flechten
aus dem tiefen, tiefen tal,
trage blumen, trage wölfe hinauf.

hab kartoffeln in den äckern meiner westentasche, schau.
hab den flachs auf meinem kopf,
hab den berg auf meiner schulter,
hab die erde in meinem strumpf

& die glocken der fabrik in meinen beinen.
das laub ist mein schuh (was kann ich denn dazu?),
das laub ist mein maul & ich häng's in den wind,
bin finster darin, jeder zahn finsterwald

& ich nähr mich von beeren, kühles blatt unter riemen,
kenn's weglein, die kräh, kenn die blumen & mär.
hab die mücken im aug, hab die füßler im ohr,
mein haar ist mit stämmen bedeckt.

hab an wegrändern, vielen, hab den teufel gesehen,
& mein kreuz auf dem rücken, mein pfeifchen mit kräutern,
trag's kreuz für den gipfel, trag den rosenkranz rauf
& den teufel trag ich samt knochen im korb.

hirtendichtung

ich hab's doch gelöffelt, die chose, gemüse.
ich hab diese kreide gefressen, die messer gewetzt,
eine sinnvolle scheide anstatt meiner gesetzt.

ich hab diese chose in hirten gesteckt,
in lämmlein, in geißlein zu nachtgebner zeit.
die bresche geschlagen, ja. *meck meck meck.*

ich hab die idyllen in weiden verpackt,
ins säcklein mit teig & mit mehl,
die kirschen von anderer seite, ja, ja.

ich hab diese worte, die milch nicht ertragen,
die alm nicht voll hirten & mägden
&s federlesen geht so:

ich habe eine meise anstelle der scheide,
ich habe eine weise anstelle der scheide,
ich hab eine kugel & heiterkeiten an diese stelle,

die weiden am morgen
& messer anstatt eines hirtstabs gesetzt
& bin nicht älter geworden.

kühnes brüten

wir hüteten erde & brieten ein ei.
dieses fleischlos getier trieb uns zu boden & wir nisteten,
disteln anstelle einer klaren bestimmung
von wetter zu boden & bodenfrost als teil von uns.

das ei schlüpfte nie.
was hätt das für ein ei sein können! wir ließen's verkommen.
einen berg lang noch hielten wir uns erdläufig auf
& kündigten den disteln fristlos die frucht.

heide & brut

wir belassen der heide ein kind, unbebaut,
    & flechten wirre dornen in sein rosshaar.
wo eins wäre, wo zwei wären,
    wo im liederlichen grasgeschwohe: drei wären.
doch wo du wohnst, steht kein kind still.

in seinem haar haust ein schaf,
    eine moorschnucke grast
& ein kind an jeder stelle im magerrasen.
    brachiales gezeter im wacholder
& zahnloses hüten im wollvlies.

wir suchen noch nach den wirbeln im nackten geleit
    & ein kind geht schief.
drum herum liegt der wald so seltsam um dich,
    gebedeneit & die trockene rodung
& wir sind kinkerlitzchen, kinker

& verstecken uns in zwergstrauchfluren
    & im verbiss des viehs
& es lichtet sich:
    der kurzleitfaden in kunstbrut.
dazwischen rotwild & wir als brachne flächen.

reusen & pech

ich bin dann da. oh leim, oh leim.
ich bin ein leimileim. oh nein.
ich bin da jemands leimileim,
ich bin da mitgehangen, mitgefangen. leim, oh reim.

ich bin da rein ins leimgebirg,
ins hintertreffen, schlag mich tot.
ich bin den reim entlanggegangen,
festgehangen, eisenstangen. *leimileim.*

ich habe das nicht kommen sehen.
hab am topf den leim gesogen,
ausgezogen, reimgelogen, *leimileim.*
ich bin so treu ergeben

& nicht leim in solchen dingen.
rein ins zwerchgebirge, hey, ich hab ein kleisterbein.
ich war so ganz bis gliedmaßlos,
ein wenig fangen, heim gelangen. leim, oh leim. *oh nein.*

atlas eines stelldicheins

war jemand, der lag in deim neuland aus mund.
war jemand, der hat dich mit blüten geschmückt.

war jemand an zungen & wüchs dran ein hals
& jemand, der hat dir das fischlein gewürgt.

war jemand, der lag in deim mund ganz tief drin
& jemand, der legte zitronen hinein,

ach, jemand, ich weiß nicht: schwebt griesel davor

& massige büschel gestrüpp von deim haar
& jemand, dem flöge ein vögelein aus

& jemand, der legt was, legt mengen in wen,
legt zucker & rüben & kerne hinein

in jemand, der trägt dir die falter hinauf
in jemandes mund, in den deinen aus stoff & aus leinen.

neues blumenbuch

let me say: nein, das ist nicht die verringerung
der lagerkosten deiner, du weißt schon, klöten.
das ist ein gräserfüllendes programm. ich bin brav.
du bist üpperwiesig, fingerst ein baby come on & auf einmal ist es das:
here we are & das ist unser moment, unser reihenacker, l'amour.

das ist, was wir haben (floral), das ist, was wir nicht haben:
ein gespreisl-moment. zeigen wir drauf.
ein lokales zwiegespräch voll kastanien & gespenstern
an würdigen nachmittagen. dieses feine astdécor
& das züchten der baumgrenze als nacktes ding & wir würdigen das,
   indeed.

wir kultivieren wühlmäuse in fremden gärten
& gib mir kompost & ich tu das für dich & wenn das hier endet,
der tag blumig war voller falter & tafeln,
dann mach eine buchhaltung in salbei auf. ist längst ein versäumnis.
wie der wasserschlauch. soweit. whatever.

landkarte von falun

   ich mauere mich ein. drum leg bitte was in den eingang,
   ich find's schon & tausend haare legst du hinein &
nochmals soviel & ein häuflein in gnade.

   ich schaue tief in den graben rein
                  & tiefer als ein kind gehn kann,
   erschließe ich höhlen,
   vergrabe den mundraum mit lössener erde.

   ich bin nicht die stiege,
      die ging es hinauf,
   ich bin nicht die pritsche, die ging es hinunter.
      ich bau mir ein kerklein aus schalen.

   was liegt da tief unten, so unten, so tief: ein ort ohne
   schlehe & schilder. kein simsalabim, nichts öffnet da
   mehr, der schiefer nicht, auch nicht die kreide. ich bin
solches fallen

   nicht mehr gewöhnt, das kämmerlein ist nicht zu
   wenden. & sollte ich schlafen, so leg mir doch bitte die
   flechten in ritzen & sporen noch einmal fürs abendbrot.

pappenstil & puppenspiel

das *papp* gibt den ton an. *papp*. was trau ich mich nicht mehr in dein gesicht, nur das geflügel traut sich noch. nicht lockerlassen, *plopp* & wir belauern & besiezen uns & kappen das bleiben & das plappern & jene ernstzunehmenden pappen aus unserem keller, teller, du zechpreller unsrer gläser. *popp*.

kalte studien 1: wir schnurren zusammen in pritschen & klatschen, in meinungsverschiedenheiten mindestens einer tonlage, *popp*. dass das ein missen ist. dass das ein rand ist. hier ist ein rand & ein geräusch. *papperlapp*. dass all das noch fällt. dass das liebchen heut gällt: ein frühes leibchen & fiepchen, *popp*. schmirgelmasse schmirgeln lassen & dann die erregungskurve: ich hab da nichts. du hast da was, das ruckt & zuckt & *popp*.

kalte studien 2: lass die puppen, lass das fluchen nur für heute, heute malen wir uns schön. lass das liegen, iss die fugen – schmecken die nicht wunderbar? nicht gelingen, nichtgeklinge & ein ganz verwegnes *pong*. ich hau drauf. *pong*. hau drauf. *pong* & als wir übers müssen sprachen, hoben wir die röcke an. komm, gesell dich drunter mit dem neuen püppili & *papp*.

kalte studien 3: & nun komm, wir rühren uns selbst an als stille teilhaber am eigenen gewese, am *tri*, am *tra*, das sind keine schlechten zeiten, *trullala*. das warn halt bloß kerklein & schnäblein & ein beitrag im murren, ein gewese & geschneise & jetzt sag's dem geflügel leise ins ohr:

pscht. pscht. pscht.

felle & fliegen
»einen fliegen finden ich in betten« (Ernst Jandl)

wir muten den fellen besonders viel zu:
wir streiften sie über, ein nussbaum war zeuge,
wir legten die feigen dazwischen wie obst
& nutzten den morgen, um beischlaf zu halten
& nutzten das fell als vorleger dafür.

kein wort über mücken, kein wort untern teppich,
die fliegen gehörnt & wir tragen heut fell
& melden uns eifrig zum morgenappell, zur frühschicht im park,
aber, mist ist das, gehn uns die falter entzwei
& wir brauchen sie doch für die tiere als köder.

wir legen die fliegen nun eins nebens andre,
wir zählen sie aus, collagieren die flügel.
wir treten sie aus & empfehlen sie sonders,
denn morgen ist markt & dort feilschen wir wieder
um den günstigsten käfig, für den teppich am tag

& wir gerben die felle für die nächte zuvor
& wir nuten sie uns besonders tief ein.
ach, was hielten wir beischlaf!
ne fliege dazwischen. die nächte,
sie lagen wie teppiche auf.

das schrumpfen der welt auf wenige mm

sei ein gelehriges ding. sei ein gelehriges bum.
stell-dich-nicht-&-hab-dich-nicht-&

halt den rücken frei für ratschläge &
sammelbände aus immergrüner sprache.

sonderwo. die welt ist schmück.
komm-auf-nen-zweig, ding,

halt-dich-fromm-&-sei-nicht-bum,
& racker dich an beulen ab,

die dich ein ganzes stück
vom schmück gekostet haben.

dass eines ist & anderes auch
morastkataster

wär das dein kopf? oho, nein. wär es meiner?
wenn ich's denn selber wär, wär ich's dann selber

& wär ich's nicht, kämen blasen zum vorschein
& ein wenig weinstein & nektar

& honigtöpfe & wär ich's nicht,
das liebgeronn'ne, wandgewordne, spachtelmasse,

in der kleinsten kammer noch ne falltür
& ich besohle deine zunge & mein kleines buch aus leinen,

& das schmeckt & es schmeckt nicht in meim kopf,
oho, schmeckt's in deinem?

manege frei fürs nackedei

du hast den samen ausgelobt – & rausgeholt.
hier bitteschön, signiert, quittiert:
du hast ihn redlich dir verdient.

lag er da im sägemehl
& belassen wir's für heut dabei:
das goldgewichste etwas schmilzt.

der vorhang fällt
& schon kann man die vaseline nicht mehr sehen
& die gemolkne suppe,

hast sie lange eingesogen, einem munde abgekauft.
denn, spot on!, liegen ist ein fleiß auf beinen,
rücken, schultern – samen nicht.

traktat übers trajekt

das ist das langsamste sinken seit langem.
wir strichen das kleinste boot von der fähre, ein scherflein nur
& gräbene schichten aus schlick, aus tang & vertrautem.

wir sind larmoyante wasser. die hecken so hoch,
aus geschlichtetem, vertautem.
hagebutten darunter, eine flechte & krabbenfleisch.

ich heuerte auf den wachsstreifen an & lief ein paar sätze weit ins meer.
das lag wie klippen auf der hand. ein feld kalter panik.
wir hurteten über ein stückchen vom land, eine kiste daran

& das zünglein am anker & brotduft für viele möwen zur see.
wir haben ein weilchen den narren hofiert & gerade fällt's mir ein
& fällt's mir auf: dass das, was schmerzt

& das, was läuft, das basteln wir den mündern vor.
hantieren wir doch lange schon auf königlichen gebieten,
& dräuen seile uns aus draht in landschaft voll gestautem.

ZWEITES KAPITEL

koordinaten aus flaum

myriaden aus karten
maßstab: 1 zu rechne's dir schön

   nichts hindert haut auf karten & beeren,
meerestiefen & die nüsse unter deiner haut.
     gib mir irgendjemand, bitte, der die karte lesen kann
        & die haut in falten legt.

   sind's die schönsten flechten hier,
sind's die teile aus dem gras,
     gassen drin, besiedelt nicht,
        nur inschriften aus fleisch.

   paläste hab ich viere, doch will sie nicht kartieren
& dich nicht mit, die beeren nicht verzärteln.
     an kartenrändern wuchst du auf
        & bist am rand verwachsen,

   unbewohnt ist dein verflochtnes haar
& gerüchte eilen über dein gebiet & dauerhaft
     ist kein gebäude draus zu machen,
        nur vages terrain

   & knochentief im dorf stehen & gefilden beim trocknen zusehen
& die stadt schließt, auf geweih & verderb
     & wir haben die karten nicht gefunden. nur legenden
        & nüsse zwischen den taschen.

benanntes gefilde

schlag die karte ins land.
geh die linien, geh den feldern nach.
benenn's & hol den fluß bei
&s moos & die flechten
& trotte dich aus. benenn es dir ort.

niemand im wald,
aber ein ungemach & ein vogelsang.
als käm ein tier aus dem unterholz,
nenn's: kommt es nicht.
das moos ist ein fremder im berg

& helllichter tann & nenn es ast,
elefantös, nenn's bronzen. *ich* nenn's dir nass.
komm vom eis, komm vom moos
& nenn dich das mütterlein mit dem reisig,
kartographiert & beseelt.

erdkunde

sind's der weltmeere sieben, die ich nicht kenne:
das weiße, das laute, das schnelle, das falt'ge,
rundgeborne, federlassende & eins mehr noch.
das sind die sieben weltmeere, die in keine himmelsrichtung zeigen

– wo osten wär, wär auch zu viel gesagt
& dermaßen große schiffe auf wässern,
ich könnt sie gar nicht alle zählen. bis an die zähne hin bewaffnet,
meer, flotte & die kacheln, auf denen schlachten abgebildet waren.

die kacheln hinterm ofen, alleiniges seeblau,
begreif doch: das meer ist nicht minder olive
& zähl an den blättern (so knorrig verweilen), ich mein,
dieser baum hätte ärmel so viel wie das meer nicht minder kanäle zur
    stadt.

korrigier diese haltung: wir halten sie fest & sind uns drin einig –
das meer ist ne schwimmhaut, ist nie schwimmhaut gewesen.
das meer ist jetzt hungrig & schlecht für den teint.
um die schlacht zu gewinnen, investier jetzt in öl

& das basige etwas, das nie meer sein wollte,
korrigier mich, aber ist nicht die heizung zu klein
für die zu große menge an wasser zur see?
& versteh mich nicht falsch:

ist die leitung gekappt für ein salzweißes bad
& oliven vom teller,
der mir gestern zersprang, eine übung,
die leichter als erdkunde war.

bewohnbare kästen

> wir sind die raumvermesser in der aservatenkammer.
> darin hing die tür aus schiefer.
> ersinnen wir uns mehr raum & bauen stuben,
> bauen ritterzimmer, zimmren dich als elegie
> & was wir staaten gründen immerzu & 21 öde dörfer.

> das ist eine ode an das zuene,
> die währt ewiglich.

> wir unterbewohnen einen hut, andre schatullen &
> bredouillen, die hab'n keinen boden.
> wir mieten uns stundenweise
> in streichholzschachteln ein.
>
> sie liegen im laufhaus oder einer zimmermeisterei.
> wir wissen es nicht. wir schleichen
> durch die truhen & suchen
> den ausgang seit massigen jahren.

> das ist der wenigste ort,
> an dem wir je waren.
> drum ab durch die falltür,
> sperrangel.

> wir schöben dir ein kernlein zu (schuhu).
> wir rasen auf die kerne zu.
> das rund ist klein geworden.

> hier ne lupe auf dein eiland
> & die stadt aus styropor,
> teile sind davon aus gras,
> die schluchten liegen rings, gebiet:
>
> tun wir's wohin. richten wir's, wohin wir's tun.
> wir irren drin & richten's hin,
> wir legen's links & legen's rechts,
> ein beben links, kein türchen rechts.

> das ist ein unterflursystem.

was hier noch hätte stehen können:
ein becher   ein bottich
   eine büchse   eine dose
ein etui, ein eimer,   ein fass
           ein gefäss   ein gehäuse
eine kassette   eine kiste
   ein krug, eine schachtel   eine schüssel
eine tasse   ein topf, eine wanne vielleicht.

> wir greifen so tief in die box,
> wie die erde uns lässt
> & reiben sie auf & nehmen die box
> für andres, verzeih.

> das hier ist ein kasten,
> der kleiner wird.

> winzig klein.

stoffhaltigkeit //
ein bollwerk aus bröseln

I.
dies gebrösel an dir: kleinste broteinheiten.
    diese fahrigen kleinigkeiten streuen wir aufs weingut, kalk.
ganze dörfer voller brösel: plättchen, fältchen
    zwischen tassen & tabletten: nur gefurchtes material.

was du gärstoff bist & baldig, was du gängig bist & kram
    & wir wissen, dass du kommst. komm schon:
kürzel diese dinge. sind zu einem stück verhandelt
    & die summe dieser teile teilt sich ständig dir & neu.

eine fesche masse brösel, die nichts festes mehr ausweist –
    sie ist maße, spachtelmaße & die schönsten male
dieser welt, aufgezeichnet von ihm selbst,
    schaben an der einen stelle,

die nur punkt gewesen ist & ich liefere kleinere schachteln,
    darin stecken parasiten & panade & gekröse
& wir kolchosieren deine brösel. denn das ist ein bollwerk,
    wie du noch keines sahst & doch sind wir's bindlein leid.

II.

wir suchen alles   nach kleinen   löchern ab, in die wir brösel
füllen können.   wir suchen   im gras & jeden fall einzeln
ab. wir fürchten   diese löcher   nicht, diese senkbaren
löcher. keine   signale.   wir prüfen sie
auf ein flecklein   hin. wir   lösen die male ab
& alles   symmetrische   sonst. das kennen
vom werflein   & die probe   aufs gestreusel.

angstloch

I.
fall ins loch, ins seichte loch. ja, fall hinein.
fall ins loch, als ob ein fall ein loch wär.
fall ins loch, als ob ein loch ein fall wär

II.
& fällt ein loch ins grob gewebe,
fällt ein loch ins erdenreich,
fällt ein loch ins weichgewordne,
hält das loch den kehrvers aus,

hält das loch sich für kein loch,
& hebt das loch im loch sich auf,
& hält ein loch im loch sich auf,
& hält ein loch sich auf & fällt.

III.
hält ein loch sich trotz des fadens,
hab den vogel in meim ohr,
hab dich drin im loch gesehen
& wo's loch ist, sag's mir bald!
denn ich hab's heut zugemacht.

IV.
lösch das loch & lösch es nicht.
es war das loch, das ich dir hub,
drum war es gut, das loch
& tief, es war dir gut, das loch,

ich hub's, es hob sich aus,
es war ein loch, darein ich ging,
jetzt kommt die flut, das kleine loch
es lag da gut, ich hob es aus,

es war dir gut, das loch, die brut,
das loch, das war ein gutes loch,
das dehnt sich aus, die brut hört still.
sie ruht sich aus, die brut. im loch.

landschaften ohne brotrinde

es gab einen reißverschluss, der hatte kein ende
& zog sich über gebirgsketten drüber,
bis man ihn nicht mehr sah.
die war'n dann leider nicht bebaubar.

wir sprayten eine landkarte ein
mit lacken & mit mus.
wagemutig schnitten wir ein ganzes meer heraus.
karge kartographie.

wir brachten den pfandleihern globen von einst.
da warn sie noch rund & sackkarren voller atlanten
& scheiben & einer angedrückten biene. rondelle,
so weit das auge blickte. das kann einer mitte nicht schaden.

finde zehn fehler & male sie aus
deiktische anleihen

hier ist ein haus.
hier neigt der schornstein nach links.
hier liegt jemand im gräwele.
hier hätte der ziegel lose sein können.
hier ist eine klinke.
hier wärn wir da & täten dies.

hier ist ein zaun.

hier flüstern, wo's weh tut.
hier müsen wir nießen.
hier.

hier ist kein haus.
hier neigt der schornstein nach rechts.
hier liegt jemand im lüftungsschacht.
hier ist der ziegel lose.
hier lag mutters schminke.
hier wärn wir hier & täten nen berg
in den garten.
hier war mal ein zaun, die farbe
blätterte ab.
hier flüstern, wo's krank liegt, im arg.
hier halten wir das tüchlein auf.
dort. ja, dort.

das sediment tröstet nicht

    ich kündige dem *
    & ist trauter *,
    ism holz nicht würdig gewesen.
    ich schneid mir die buttrigen blätter & bretter,
    die glocken läuten im *.

    das lüpfen von hüten & karten,
    darunter: ich hab den * so lieb.
    der morgen ist maulwurf.
    dem tier ist zu hell,
    nen topf dampfendes unter dem *.

* boden

monochrom
die farben radieren die silben nach gusto

wir sind nicht für farben zu haben, das läuft nicht.
drum: schneeweißen tassen in *wölle & *bälk
& schaufeln wir licht mit den eimern aus böden
& schmeißen vor frust schon mal buntfenster ein.

das sieb ist ein ort & uv-licht nicht minder
& dort: 's runzeln von farben, ganz munter & dann:
isses licht eine sonde & liegt sonst nichts zugrunde,
ja, dann leuchtet das flutlicht & das fenster uns aus.

lass die farbe dann fließen, fremde blumen mit gießen,
lass die flausen in kästen, sind die flusen im *mälde.
& hey, *lber können & wollen wir's nicht denken,
denn: was andernorts grün ist, isses dieserorts nicht.

wir pressen aus allem das rot & die läuse
& während wir sitzen & pressen & lächeln
& kontraste an die fenster speien, so lassen wir das eine sein:
perlmutt & photosynthese & das blasse vernarben von farben.

rinnsinnigkeiten

wir spannten unsren arm vor den karren, darunter:
unsre büschel an knie, die beeren ge-
ronnen & rinnen & zinnen
& das gewirr.

in der entfernung zwischen boden & rinne sind wir's
gespinst, das gerindete & gesinde & wir sind
ein gewinsel, weil uns ein rinnen
nie gelingen will.

kartuschen & kartausen

das off ist ein ort voller rauhreif
& tonlos & erdkrusten
legen sich decklein ans land.

die koordinaten sind aus flaum gewachsen,
der wächst über bestände & übers gelände,
ausgelegt mit nerz

& dort kriechen wir faltsam
in tiefe gefilde, ein schwalben
& schwinden in halbsesshaften liegenschaften.

wir neigen zum schweigen
& schlagen das schnäbelchen ans steinchen & lausch!
das hat keinen mund & kein ohr.

wann wir sand sind & wann landschaft,
züchtigen wir uns aus
in kabäuschen voller klinken & knäufe.

geräusche aus tierköpfen

lauschen wir: ihr habt das läuten nicht gehört. da laufen euch drei groß gehörnte tönend durch die ganze stadt & reißen ein paar mäuler ein. ihr seid solch narreteien nicht gewöhnt & habt die stadt nicht kommen sehen.

die seltsamsten geräusche hausen sie euch zu: das murren im phon. das irren im ton & reißene lippen. das verliermeinnicht im datenstrom. die hörner & das tuten. dieses brausen. lass es rauschen, lass es schäumen.

geräusche sind's so viele an den fäden & in wänden & plant die stadt ein radio draus zu machen. sperrt die drei in tonkabinen! alsbald stehts radio auf plätzen & singt wiegenlieder & husten die flöhe

& meisen & wiegen die schmiede ihr eisen. das bisschen außen schmieden sie rasch & die zimmermeister bauen nen schrank für die hörner & hören: geräusche von jenem & einst. aber wen hörst du zirren?

von dem, was uns hold ist, von hinz & von horn & ihr hört jetzt den oton, die sonden, den baal & die lieder & ihr lasst das hören nie mehr sein.

tierischer staat

I. schalende frage
wir sind die schnecken
zwischen den hecken, hinterster wiesengrund.

dort leben wir als fährmänner,
schmaler transit in den hinterzimmern unseres gehäuses.

wir reifen zu klammheimlichen gefäßen
& streuen uns selbst das schneckenkorn in die pfütze.

II. verpuppende frage
die ameise ist der ameise ein krümel von brot.
wir bewegen uns auf den muskeln fort,

kleinen muskeln: wir sind die raupen
auf rispenen ästen – was wolln wir denn?

uns selbst beschneiden, die köpfe bestelln,
ein paar frische füße an des anderen ei?

III. ledernde frage
die kuh hat ne rinde,
hat faktisch kokon.

darin: massig die haare, ein wiesel,
ein ganzes gebäude aus tieren.

darin: wir sind die notizen, die wölfe, ein frösteln
& darunter die wespe im glas.

das geräusch von wasser & marmor

du bist ein wenig schlack & schlick & schlick & schlack & schleihe
& bist ner kammer fischlein, gräten, bist gevatter wal.
aus nasskästchen rinnst du, wohin? ins lurchenwasser, bist
du eins & deins die größte backe von der see & bist
poseidons jutetasche. ach, von diesem alten sack.

du isst ein wenig schlack & schlick & schlick & schlack & schleihe.
was du der tiefsee singst, sie singt's dir vor
& was das meer die straße nimmt, die wir an dir hochhalten.
du isst ein bötchen, meeresbruch & plast.
bedaure sehr, gevatter mein: wir sind so tüchtig nicht auf see.

feuchtzelle

dreh das schiff auf den bauch:
wo könnt es poseidon besser ergehen
als mundauf im meer & algene drops
im stehauf seines mundes?

der ganz leise fisch im bauch seines bauches
war trunken. so meertrunken immer,
dieses salz im gefüge
& nichts als wasser im fischigen hohlraum

& üble sie nicht: die zuflüsse, rinnsäle,
die schlimm warn im jahr,
ragte doch oft ein schiff aus seim pansen,
nur letzte tentakeln & masten.

gemästet im bauch seines zu kleinen hemdes,
geflutete kammern, sein meergleich gebäuch,
die habn so geschimmert
& lag ihm die tinte in flutenden lungen.

die tiefsee ertrug sein gedärm,
selten schön & seltene arten,
die dunkeltiere (das stinkgleiche pochen
aus seinem bauch)

– die wollten alle nochmals fünf tage lang
sein aquarium sehen, sein fischgesicht.
er hatt es rasiert, das nasse kuriert
& das ufer lurchdürr ans land gelegt.

küstenstreifen & wachen

versehentlich hat das schiff meersalz geladen
& wirsing & lädt das jetzt ab. was es sonst zu bieten hat:
vollzählige horde von mardern, getier? oder blüten, alt & farn?

größtmögliche anzahlen kleinholz vielleicht?
wir trauen den schiffstüren nicht übern weg.
als öffnet man was & das wär dann behaust.

der kopf, aus dem wir schon fische schöpften,
graues gras & denguefieber & jetzt ziehn wir aus dem schiffsbauch
wieder folien über tiere aus dem wald.

was wir sonst nachtsüber tun:
an dem mast die zunge reiben. abgerieben.
altes brack & kerosin

& auf dem kork,
auf dem wir nun seit tagen tanzen
& nie fisch & blaukraut bei den flössern finden können.

30 g von der bundeslade
mein portfolio

ich kann dir im schürfen die dienste anbieten.
ich kann dir die münzen in büchsen verstecken.
ich bewache konserven wie sonst einer schafe,
die blöken am morgen, ich niese zur nacht.

du hast manche flecken, keine hand mehr fürs schröpfen
& drum kann ich dukaten zum rosenkranz flechten
& ich hüt dir den flußlauf (da liegt rechts das gold)
& bleib dir gewogen samt spaten & sieb.

ich spucke geschürftes dir aus hinter hinkeln
& roll es den berg hoch wie selten gesehnes
& früh um sechs kannst du es holen, vergiss nicht
& schreib dir nen zettel: mit dank, hab's erhalten & gruß an den herrn.

der enten galgenlieder

da soll man nicht hin & da ist man gewesen:
eine falttür im wasser, ein zierriegel, alt
& wir hängen die wäsche & fische an äste, ans ufer
& waschen den ästen & fischen die wäsche.

das ist der versuch, diesen fischen ein beinchen zu geben.
wir fassten ein herz & gingen auf flöße
& fasteten fische & böse die stirn, die uns schaute.
denn grämen bleibt eine fischangelegenheit.

das kleinste gesicht, das uns je unterkam,
war das gesicht eines fischs aus den forellenhöfen.
wir hielten uns selbst für kein schauriges tun
& wurden doch köder aller benachbarten köder.

wir könnten kräuter (die kleinen & die großen büsche),
wir könnten die kleinen bäume ans abgehärmte fischgesicht hängen,
das wir schossen. das abgeschnittne kleine gesicht.
wie wenn was ödes gepresst wird. die kräuter zum beispiel. die kräuter.

DRITTES KAPITEL

oh haustür, steh uns bei!

das verschwimmen der linien zwischen drinnen & draußen

I.
ich häng den wald in mein zimmer, ein prachtvolles dickicht & häng mir ein tuch in den raum. der rapport geht weiter, er geht ewig fort. so lang wär mein haus, zigtausende meter. der faun & die flora beziehen mein liegen, steh betreten darin & begrünt.

die bäume wachsen dem vorhang heraus: gespinste aus flecht & ich häng meine wände, ich häng meine wäsche, die rohstoffe auch: der flachs & die wolle & das stück zum verdunkln habn alle hände voll zu tun. all das kleine dunkel.

II.
die falsche tür für den falschen schlüssel & die farbküche, in der ich wohne. ich hab die farbe nicht gekocht & male der köchin nen flachs auf die brust, ein tuch ist's aus kohlen. der fahrbare barwagen steht in den nischen & mein nierentisch steht auch dabei.

III.
die stoffe im keller & die leichen darin. was bin ich so knöchern, verwachsen im baum & der keller verwächst & siehst du mich nicht: bin im tischtuch bestickt & will das hier flicken, doch die bahnen vom stoff liegn gehäutet, geschichtet & ich hänge die haut in mein fenster.

DU GEHST DURCH EIN DORNWALD
& trägst den wald rein ins haus
& pflanzt ihn ins kästchen.

du trägst den jagdanteil der hunde hinein
& legst ihn als dornenkranz um die stirn,
die dir blank vor blättern ist.

du weidest das große gescheide aus,
trägst broschen fürs beinhaus & überreste hinein,
das häuten von so vielen kleinen knochen,

trägst das schwere geschirr, aber kein laub,
trägst frost, aber keine eimer & spulen,
trägst alles, alles brunnenwärts.

auch das sonntagskleid trägst du &
es ist aus stroh, du trägst es unter dem herzen.
doch was heilt schon um ein ganzes? vergelt's.

das zwitschern ist ein kleines biest

die krumen liegen, so trocken sie sind,
schon drei winter lang in den gläubigerhänden
& bisweilen wär da ein brot draus zu machen.

aber reden wir uns die krumen doch schön
oder beten darum oder essen davon
oder löschen endlich das zwitschern vom band:

da schießen spieße durch die vögel, an der zahl klar überlegen
& ich spar dir die geräusche aus, die solche vögel machen:
lispeln konnten sie zuletzt, als kämen sie vom kassettendeck.

aber tröt ich's oder hör ich's aus den kehlchen, rot gewaidet
oder krumenvoll geendet
oder kehren wir jetzt endlich schnäbel von der fensterbank?

blindtext

saugen & neigen. steigen & augen,
die blinden finden in den nüssen die rinden.
am augapfel saugen, sich aug um aug,
sich blickdicht, sich morgens & abends besaufen & schinden.

nichts ist zu sehn & nüsse & eckern, die schwinden
vom baumhain, erfinden sich neu
& wir lerchen erblinden, wir aßen davon
& holen uns nun aus den finsteren gassen 'n paar eßbare fohlen,

was bleibt uns?,

die binden sich an die ställe, verstecke, verrecken oder rinden
sich selbst für uns lerchen ein magres stück fleisch aus den rippen
& unter uns blinden: mich erfinden, dich erfinden, blinde fische
in den tannen, linden & hainen

& die risse müssen schließen & flüsse müssen fließen
& wir lerchen müssen allerlei getier aufspießen & pferde fressen.
was bleibt auch? & wenn's schön wird im dunkeln, bist du's
& wenn's derb wird im hell, bist du's auch, lerchenboy,

soweit ist's gekommen.

du isst mir die feigen, die blinden & alles ist blind hier,
wir steigen aus aus dem reigen, wir schweigen
ob des übrigen essens, wir halten den kopf schief,
wir neigen & saugen den honig, wir neigen & saugen an augen der fohlen.

die imkerei lässt mich nicht los:
bienen, sie halten's chirurgenbesteck &
operieren fliegen im fluge, da-

zwischen äste & ein verfrühtes ein-
sargen von bienenleibern & bienenklei-
der tragen am busen. wir sum-

men den nestern ein ständlein &
summen ist finster. wir teilen die waben
& kirschgeschöpfe & honigtöpfe als

horror vacui aus wachs.

ein marionettentheater mit käfern

der käfer, die grille, die zaungäste alle:
sie mischen sich unter meine zunge,
sie halten sich an meinen fingern fest.

sind beeren an meinem hals
& wenn ich nicht hinseh,
dann kehrt das gefleuch in mein fleisch zurück,

dann wächst es vor & wider
& aus der hand ein faden,
als kröche was, als hätt ich durst

& würfe keine schatten.
in meinem mund geht's sonnig zu,
so trocken im chitin,

die flügel: speichelfäden.
gestirne wachsen mir am hals
& ein planet auf meiner zunge.

händisches land

in deiner hand wächst ein garten,
darin ist das kraut krank gewachsen.
darin gerinnen uns die heuschrecken zu fingern
& berge, die halten im garten rat ab.

darin tragen wir handschuhe
oft im gesicht, ein garten aus wolle
& darin diese wackren gefährten,
der stolz der ganzen fingerabteilung.

du impfst deine hand gegen fuß & gelände,
die fransen am rand & am zaun
diese flecken & nervengirlanden
& die berge stünden dir gut zu gesicht.

schöner wohnen

was träfen wir draußen, wär *das* hier ein draußen,
wär draußen eine option? wir irren hierinnen seit tagen herum,
die treppe geht's rauf & die treppe geht's runter,
die fenster sind trübe geworden.

nen haushalt, den gibt's nicht, hier gibt's bloß gesichter,
ein schlimmes gesicht, um genauer zu sein,
das schaut aus den schränken & gärten nach zartem,
sein kopf war gemauert, war zu, war so schmucklos

& hatten wir türen am morgen vergessen,
darinnen die zinnen, terrassen aus hartem, ja, bauholz,
nein, schleimhaut. die meint ich – sie lag auf dem dachboden aus,
wo dereinst der leim lag, der trocknete auf den leinen vorab.

das alte gesicht war nicht klarer zu haben,
nicht satter zu kriegen als die töpfe gemiedener speisen.
& essen wir brut aus den dosen, das blieb uns
& üben uns tapfer & halten uns munter, die fenster sind schälbar
   geworden.

einem häuslein beikommen

hausen herden in meim zimmer
& kammern huschen übern flur,
als wärn sie wem begegnet, als stünden sie dann wo,
als hielten sie die klage vom räumelein am leben.

oh, haustür steh uns bei!
die zimmer halten sich im handtuch auf
& nisten im frottee & nähren sich aus nassklamm,
von tieren aus der wand,

wo lebend fleisch zum abendbrot ich gestern hungrig fand.
vermiete ich das zimmer für ne stunde,
ist's ne leicht verliehne kammer
& sie wird in herden uns als nahrung finden.

wachpartikel (s. abbildung)

ich will ein schaf sein, ein schaf, eine ausstellung von tieren.
ihre schädel in den vitrinen meines schädels,
in ihnen liege ich wach.

ich will ein schlaf sein, ein schlaf, eine kleine laube.
in meinem schädel: fasanerie
& dort wacht ein insekt. leise kam es durch mein ohr

& das bett ein deck aus gesumm
& unter den fittichen niemand zu hause.
aber im schädel der raupe, dort herrscht ruh,

dort lass ich meine augen hüten.

suppenküche

das schälen alter kartoffeln sieht dem nachmittag so ähnlich.
    darin: eine schabe, kalte suppe & wir übernehmen schenkelknochen
in die brühe. geben hinzu: socken, mundwerk & alles,
    was besungen werden kann. so ein nachmittag ist das.
so ein tag, wir irren leise, so ein tag, wir nehmen's hin.

    so ein fett, darin wir schwammen, so ein finstres tagkorsett,
brachgebetet, sarkophag & fastenmonat, nur mehr bier.
    nur noch bier aus netzen trinken & wir melden noch die beutel
für das teegebäck & schau, diese feige art zu blattern, schonungslos
    das essen fassen. iss ein stück antennen, faste

& trink messwein für den gaumen. das ist brotbar,
    was wir sehen, ist ne reibe & das reiben, schaben hörn wir.
ist ein blätterteig, papiere & wir essen grausam tüten,
    & es bleibt der saft aus kohl & gemüse aller art
& ne pampelmusge masse. lass das mundwerk munter wachsen,
    & iss alles auf, wir laben uns dran.

die kunstblumenfabrik am rande der stadt

ach, diese fabrik: sie war zuletzt so dünn besiedelt
wie ein geplatzter feigenbaum.
& was wir drin verkauften? zwar wurzelzwist & -filz,
doch nannten's kapuzinerkresse & koffer voller blumen.

wir formten margeriten &s nesselfeld aus krepp.
aus seide warn die hainchen & ranken am gesteck.
wir übelten nicht birnen, nichts's murren am bouquet,
doch hielten wir uns fest, am ast & am klischee.

wir haben die ranunkel auf werkbänken belassen
& korniferten nicht, wir konntens bergamotten
& da noch nass rhabarber
& da noch klatschner mohn & kleideten uns nur noch

in reingesteckt der samen & astern alter tage
& ließen zuhauf übrig: die stängel, kastagnetten
& trösteten uns täglich mit schlingpflanzen, papier,
& trösten uns mit beeren & heeren voll geplatzter bäume.

schafgarben fürn wundgraben
»in einem Garten v. weiszen Blumen« (Friederike Mayröcker)

was wir in ein gärtlein treten, alles muss versteckt sein,
um ein waidenmal zu stillen, alles soll ins eck rein,
alles soll ins wüdweh kommen
samt dem tausendkorngesicht.

eine alte frau kocht rüben
& die stirn zerschellt so schnell.
reib dir schadstoff in die wange,
bald schon, bald gibt's heile segen

& wir halten erde in das antlitz, blätterbar
oder pflanzen schafesgarben
& ne alte frau kocht speck.
hätten wir drei tagen regen, hätten knollen,

hätten zwiebeln & was tut sich's mit dem weh
& was tut sich's mit dem brei, der bringt drei tage schnee.
was wir weißes haar in blumen,
was nen pfropfen im gesicht, den wir erdreich,

den wir glanzgleich so nicht stopfen können.
morgen, ja morgen kauf dir ein neues auge
& 200 g nasenscheidewand, morgen,
du taugenicht & tunichtgut ist alles wieder ganz.

obstbaumschnitt in bildern

das ist der aufbau eines obstbaumes:
das ist der leitast.
das ist die veredelungsstelle.
das ist die gesetzmäßigkeit der triebbildung.

da treiben die knospen von benachbarten trieben.
das sind die gesetze der schnittwirkung.
das sind die mirabellen & die marillen.
das ist die schnittpunktförderung.

das ist der auslichtungsschnitt an mehrjährigen apfelkronen.
das: die rotation des fruchtholzes.
das ist die veredelung hinter den kindern.
das ist das kopulieren mit gegenzungen.

das ist das kernobst, die apfelspindeln.
schneid dir das raus.
das ist der wurztest.
das ist die kresse mit geläuse zwischen dem gebirge.

das ist der vogelrain & der käferstein,
das binden der brombeeren
nach dem ersten jahr & nach dem zweiten.
du fruchtest nur noch.

wundverschlussmittel
nach den maifrösten: das veredeln hinter der finde.
der ertrag setzt ein.
das spalier.

du kühlst die bäume nicht, so gelb sie sind.
die miesen bäume, nein, die langen zäune,
ach, schon mich mit gelben quitten!
lass sie fallen, wir hängen nüsse daran.

das hütchen, die spieler

kein fusel, ein korn. wir kühlen das viertel,
die unzen, den wein. sind das manche schlieren
hier auf diesem glas? der rechenschieber schiebt sich was

& theken düpieren uns jede nacht auf das neue:
die vielen bierdeckel & auf den bierdeckeln:
striche. striche darauf & salz

& hütchen lagern da & teer. die spieler,
die viere, die masturbieren & legen hand an ihre mutter,
ans koks & den messwein. das ist ein brüten über stimmen

aus den kuren & den kneipen. »lasst uns trinken!
lasst uns trinken!« wir vermöbeln unsre lage
& der hohn ist unsre speise.

diese fässer voll vergornem, voll verschnittnem rumextrakt
& versenken ihren strahl & wir kühlen uns das mütchen.
just ein serum gegen dies:

der süden lastet in den tassen, in den tresen
& wir wesen übersteigen wieder diese schafe
& ernüchtern in den eger-blumen.

was man vermag

nein. ich kann's nicht blöken, bloß noch masern & dran ziehn.
bloß ich kann's mir nicht mehr merken, nur noch haken & dran gehen.
nur ich kann's mich nicht mehr ködern, grad noch wanken & dann stehn.
ja. ich kann's mir nicht kantern, nur noch mogeln. das ist schön.

VIERTES KAPITEL

du bist der nabel, durch den ich nicht komm

mein bauch ist mein alles an welt

wir legen die bäuche ineinander,
sind die schnittmenge unsrer bäuche,
sind gegenseitig verschlucktes,
indem wir uns essen, in die magenwanne tauchen,
uns einander verdauen. nichts stößt uns mehr aus.

ich wachse in dich hinein, bin drin,
ein schwamm, noch dein warmer speichel,
der mich wäscht & warm hält.

in meinem bauch eine sprechblase,
die flüstert immerzu in den bauchraum.

habe etwas nach innen verlegt.

mein bauch ruft nach toastbrot & butter.
aber nichts kommt mehr, bitter,
nur du. du bist der nabel, durch den ich nicht komm.

ratsam ist da ein parallelogramm & ein hautspiel

wir kündigen die schamtafel mit einem intro an. vor-
her husten wir noch cremene momente ab & schau
dir das an: dieses hautfaule modul, dieses magere
pferd & risse als muster in zu nagender form. wir

schieben all die salben dazwischen & füttern mikroben
& rinden & konsumieren hautbrechendes material als
gleichwinkligen blätterberg, den bauen wir aus ausge-
narbtem auf. dabei: die stücke haut bedauern, fast kalte

erzmasse. ratsam ist: niemand rührt sich hier sittlich
& schmücken wir uns morgendlich mit einer finte aus
salbei. die reicht & wenn alle schuppen trügen & die
salben selber äßen, ja, das wär ein intro, aufgeraut.

röhren & dolden

ich grab ministerien in die speiseröhre
& behag da nicht.
behagst du da?

wachsen am röhrchen die ranken der bohnen
& blühen im mundsaum
& raunen zum fenster hinaus.

was da alles blühte: ich nehm eine dolde ad acta
&s röhrchen fürs schlündchen
& ein blühelement & ringe mit riesen –

ein blumiges schinden,
die blätter entfallen, ich lass sie verwalten
& hab die tiefen der wiesen unterschätzt, zu hilf!

behag da nicht: die kerne & die knochen fürs brot
& was dir einmal aus dem röhrlein sträubt,
hast du für immer auf den ranken liegen.

eine kleine chorhaut singt von der makulatur

hier sind frottee & schnitzen vom nebel. hier
ist die luft viehisch breit geworden. ein fingerzeig für alte hebefiguren
& das öffnen vom bauchraum, das öffnen vom jenem & dies.

das sind die morschen finger deiner oz'schen batterie
& wieder gehst du dem wundmühen nach. das haftet nicht. dieses arge fasern.
das dreht sich nicht & das werkzeug hat keine bauchteile mehr.

wir stellen uns leise eine menge an schmer vor, denn wo der wächst,
wächst noch anderes, bestimmt. dem zorn ist ein moospäckchen kühlmut
verbunden & an dieser reihe junger bäuche ragt ein stock

& ballonoffene seiten deiner flanke. wir kühlen die wände,
die säure sich selbst & messen den hunger in pfannen. du trübst dich breit ein
& wächst nach im nebel, am nacken z. b.

& auf einmal war die pest da & ein seuchenpflaster für den rest.
drum trennen wir die stelle mit dem trennblatt ab,
vorgesehen für »nicht gefähltes von a bis z«. tu das ärgste in die lunge & schlaf.

räuber & gedärm

I. *in deinem knie: radio & kartuschen*

das schlafen & wachen in einem gefäß
& so viel schönes gewächs & wir wachsen,
wenn das radio spielt & das radio spielt nicht mehr.
wir wachen oft auf & der husten nährt sich am lebertran.

II. *aus dem füllhorn: knotenmengen*

ich hab die leuchtmittel nicht, um ständig ein bett
aus knoten zu bauen. wo immer wir schlafen
in wüsten & fluren & trotz der kakteen. trotz der legeren kleidung.
ja, wir haben die ampullen verloren.

III. *dein gesicht nach grammeinheiten & grammatik*

wir packen, so kalt sind die dinge am morgen.
dem wachzustand einschreiben: wir haben ein preisbewusstsein für
   kanülen,
3 gramm & ein wort für gefunden, in der wäsche verloren,
im trockner geronnen. lass die schlafmittel greifen & lass uns dann da.

VI. *was frau wär & fromm, wartet vor der tür*

da waren die flure & die waren redlich, ein tagewerk gar
& nochmals das sterben vergeuden: ein pulver, ein brei
& ernennen wir rheuma zum könig der woche. wir wissen:
die welt ist die kleinstmöglichste lösung, seit unser bett bewohnt ist.

raubtierfütterung
der herr behüte deinen eingang und ausgang
(psalm 121, 8)

ich leg den bauch ins gehege der mäuse.
sie essen den bauch gänzlich auf
& falten den rest zu einem betttuch, das kleinste gedärm
noch kopfkissengroß & hängen sich's an ihr so kleines bett.

ich lege mich in den gedärmen zur ruh.
dort träumt es sich fleischig,
dort träumt sich's von dir
& ich mein's nicht pikierlich.

pikier dich nicht ob dem blut auf den trutzen,
ob dem reintun & schwertun & der verschlafenen hälfte des bauches.
dort erinnert sich niemand mehr an stäbe & betten
& witwenspenden. das alles wollten die mäuse nie haben.

broschüre über die speisung kleingestorbener
ein brevier

den vielen, die dir sterben,
schenk du ein wenig suppe aus
& löffel. ihre münder im viel zu kleinen feld.
denn regenbärtig ist das: ein vertun & darin lesen:
das stundenbuch & das kleine bisschen leibschaft.

die trauer legt eier in die suppentöpfe.
du willst sie in die bäuche legen, legst sie in den hals
&s sind zu viele gesichter auf viel zu wenig raum
& als wär da noch platz: beherberg du doch des andern gesicht
& ein quartier für salbei & krautschoßnes wachsen

& nur fliegen legen eier aus hohn.
das büschel trauer: halt es hoch!
denn sterben ist die eine wiese, spielen eine andere
& nun öffne deinen unterschlupf für eines andern fleisch,
denn du hast zu wenig klöße für zu viele offene bäuche.

grabinterna

wissen, wo die nächste wu.
da ist was märchenes
in deim gewese

& in deim märklein für wendegesichter.
das kannste halt nicht immer alles
für umme in die rechte hand tu.

oben bleibt dein wehwehchen lie,
dein wesensfolio, oho
& du häutest den lebertran

& du trauerst das hier durch, hydrauli
& sammelst vom end & der lichtenheid,
aber toter kann's heut nicht mehr wer.

: trinkvogel & theorien vom hü & vom brü
& ich bekomm das stündlein nicht mehr ins getriebe.
vom sortiern bleibt: ein wegstein, ein spielbein & henk.

hundertzehn gründe, die grabteile neu zu sortieren

weil ich dein gesicht geliehen habe
& weil's den seuf so gar nicht gibt

& weil du heut sinister bist
& lichter irrst & heute sinken wir,

der blum sei dank & weil ich dich letze
& weil ich die beute deines schreckenkrauts bin

& weil das ragen deines kleinen kopfes
aus der erde so andauernd & müpfig ist.

büchsen & fleisch
wir öffnen das alles mit großem bedauern

was bleibt: den murrenden häuten gehör geben. all das ruft: schieb tische
& fische vor die türen & rufe: hallo, eine pocke; rufe: hallo, eine narbe
& eine hülse. diese hülse, sie ruft nach der stelle, malade, ruft:
s'ist ein kehrmann an meim häuschen & der stängel ist am knicken

& die sichtbaren mängel an dem gehäuse & ich halte die stäbchen an diese
    stelle,
& sie macht sich dir auf, sie kündigt's dir an, sie vermag es, zu merzen;
dieses immer wieder tut sich's auf & bettet sich's & geht.
denn darin sind wir gut: im aufmachen der immer gleichen türen.

wer sonst dürfte öffnen, die tür, jenes gatter, so klein nur,
so dünn & so grau? es sind viele türen. begehbar sind alle.
jeder ort öffnet anders. bist du ein türchen? ein knäufchen, geschmirgelt?
bist tausendfach hinter. & was ist da dahinter? in schraubbarer form?

ein schlachtfeld aus beinen

wen führ ich dir vor, als die berserker starben?
was stehn blieb: nicht mehr als ein bein voller placken
& wir trugen das aus & wir gaben das ein
& das bein war geschwollen, geteert & gefedert
samt faltblatt für mehr kadaver zu fuß.

kinder, kinder, wird's wen geben,
der die meute heutern kann?
noch mehr gras könnt darüber wachsen
& wir tauschten wieder schwerter & wir rußten wieder spitzen
& wir ließen keiler jagen & wir rissen alles ein.

wen stell ich mir jetzt vor, wenn ich dich ohne bein denk?
wir räuspern uns stetig: war's letztendlich bloß ein bein voll harpunen
– so spitz sind die winkel, drum hält das so gut
& steht eins verreckelt zur sicherheit bei mir.
doch gebein ist ein kurzes wort für dort, wo du liegst.

versuche im zergliedern

vertrau deinem henker:
auf dem tisch liegt die fehlende masse an lid,

die war plötzlich weg
& jetzt liegt der apfel noch da & sucht seine fäden

& hundert krawalle im stirnenfeld dir
& liegt jetzt was kälbernes hier im gesicht:

diese lobfohlgen augen & auf dem tisch liegt dein massiver rest
& relevante paranoia, sie lebe hoch!

matrjoschka

ich vermesse die menge meiner geschwister.
alle liegen sie mir in der fresse, darin schlafen sie
& ich selber schlafe darinnen einen greis aus.

in der fresse kannst du mutter & schwester zugleich sein.
die brustwarze liegt als armee im gesicht
& eine verschenkte großzügigkeit an zitzen.

der greis schläft an all den brüderchen & schwesterchen
& die zitzen hat er fortgetragen. zärtlich ist die fresse,
die uns geboren hat, aber zärtlich ist nicht die kategorie.

beinahe an den haaren herbeigeschrieben

#meinhaaristbrautfarben, #raufenraufen, #dugähnstunterderperücke, #ichverstopfedenausfluss & #zündleeinnestan & #findeeinleakinderbürste & #legdiehaarezumtrockneninedickesbuch.

#darinflogeineamselinsversteck&indiearchäologien. #kleinlichichweiß. was sie dort fand? nen #kamm, #karrieristenunterdenhaaren, #rasieren, #shaved, #haaristsofestverankert, #istrasierendiekür? #allesbloßhorn.

ein regenschirm für dein gebiss

wir tragen häuser in dein gebiss.
ganze städte lauern im mund
voll geranien & ein wenig regen am blaukraut.

roh war das fleisch, darauf wir's bauten.
auf deiner leeren kauleiste: drei neubauten, fahrstühle
& ein taschenorchester.

wir erläutern dir gerne das straßenverzeichnis
zwischen zahnfleisch & -taschen:
küstenorte wachsen da von ganz alleine.

unter den taschen lag noch ne küchenzeile
& widerstand formiert sich, gelb an den zähnen,
in kapellen am wegrand & überkront.

zehen im zeitalter ihrer additiven reproduzierbarkeit

ich hab im schuh nen zeh verlorn.
er war zu klein, er war zu groß
& wenn wir früher schuhe aßen
oder auch nur einzelstücke, ließen wir die senkel übrig.

drum trag ich heut kein schuhwerk mehr, das passt.
drum kann ich mich mit leidlich kalten sohlen gut verdingen
& kaufe bloß noch offne schuhe mir für einzelglieder,
denn wer traute sich heut zuzugeben: schuhe sind's problem!

an mauen füßen, laken füßen, ganz geschnürte möglichkeiten!
das soll unsre werbung sein: »frisch der fuß & alles neu!«
das ist unser angebot. & falls sie meinen zeh drin finden,
kenn sie mich, von kopf bis fuß.

EINERLEI, IST DER MUND DOCH AUS MOND
& nur dies: wir schlupften unter den kopf.

wir wiegten die augen & ja:
mancher schlösse die seinen so gern.

die welt dann so stille,
auf dass ihr nichts fehle, so lagen wir leise & lind.

du wolltest dich endlich, ja, sonderlich grämen
& nicht vom ausplaudern lassen:

dass etwas nicht mehr funktioniert (schlaf in ruh)
& ja: die süße vielleicht.

geschwinde, geschwind
& bleibt es dabei: wir wissen gar nicht so viel –

wer hat diesen mond auf die blaue flur,
wer hat diesen mund auf die nacht angesetzt?

FÜNFTES KAPITEL

das steht hier nicht geschrieben

reime dich binnen & im lauf einer woche

montag
wir wollen die suada fixieren

dienstag
& ändern die pronomen wie andre die schlüpfer
& dienstags wieder konsonauten.

mittwoch
ein merklingssatz in unserem kopf & ein zollwörterbuch
& nen fließtext betreiben wir auch.

donnerstag
wir reimen schlechte traubenkerne aneinander:

freitag
(kröpfchen, töpfchen), das ist zu papier eine messanstalt.

samstag
ach, lass mir die pronomina & hagebutten durch den text.

sonntag
lore ipsum. lore ipsum. lore ipsum
& aus dem gras steigen wieder nur äste & das alphabet.

das tapfere schneiderlein
den rand einer zunge mit der schere aufkratzen

du brauchst nicht mehr als ne nagelschere,
um das verslein zu schneidern, die naht zu enthaaren,
die wimpern zu nähen, die zähne zu schneiden & verse zu wienern
& all das vom schneiderlein, groß & so tapfer,

der schnitt die kostüme aus den tomaten
der flechtete dir einen wegerich ein.
die grasschundne stelle war ihm ein leichtes
& grammatik bleibt ihm ein gutes zuhause.

kleine grammatologie

nein, das steht hier nicht geschrieben, denn ich ahme schrift nur nach & die hat nicht a, nicht o & die liest sich manchmal so: ich gerinne nicht zu text, nein, ich gerinne nicht zu text. ich verstolpre meinen einsatz, ich verholpre's abc, bin der dinge nicht geläufig, darum schreib ich sie hier auf. nein, das weht hier nicht gestieben, nein, das reh hat nichts gerieben, nein, das lebt hier, nichts gemieden, ich gerinne nicht zu text.

Inhalt

ERSTES KAPITEL: atlas eines stelldicheins 7
schöne ware feil 9
hirtendichtung 10
kühnes brüten 11
heide & brut 12
reusen & pech 13
atlas eines stelldicheins 14
neues blumenbuch 15
landkarte von falun 16
pappenstil & puppenspiel 17
felle & fliegen 18
das schrumpfen der welt auf wenige mm 19
dass eines ist & anderes auch 20
manege frei fürs nackedei 21
traktat über trajekt 22

ZWEITES KAPITEL: koordinaten aus flaum 23
myriaden aus karten 25
benanntes gefilde 26
erdkunde 27
bewohnbare kästen 28
stoffhaltigkeit // ein bollwerk aus bröseln 30
angstloch 32
landschaften ohne brotrinde 34
finde zehn fehler & male sie aus 35
das sediment tröstet nicht 36
monochrom 37
rinnsinnigkeiten 38
kartuschen & kartausen 39
geräusche aus tierköpfen 40
tierischer staat 41
das geräusch von wasser & marmor 42
feuchtzelle 43

küstenstreifen & wachen	44
30 g von der bundeslade	45
der enten galgenlieder	46

DRITTES KAPITEL: oh haustür, steh uns bei!	47
das verschwimmen der linien zwischen drinnen & draußen	49
du gehst durch ein dornwald	50
das zwitschern ist ein kleines biest	51
blindtext	52
horror vacui aus wachs	53
ein marionettentheater mit käfern	54
händisches land	55
schöner wohnen	56
einem häuslein beikommen	57
wachpartikel (s. abbildung)	58
suppenküche	59
die kunstblumenfabrik am rande der stadt	60
schafgarben fürn wundgraben	61
obstbaumschnitt in bildern	62
das hütchen, die spieler	63
was man vermag	64

VIERTES KAPITEL: du bist der nabel, durch den ich nicht komm	65
mein bauch ist mein alles an welt	67
ratsam ist da ein parallelogramm & ein hautspiel	68
röhren & dolden	69
eine kleine chorhaut singt von der makulatur	70
räuber & gedärm	71
raubtierfütterung	72
broschüre über die speisung kleingestorbener	73
grabinterna	74
hundertzehn gründe, die grabteile neu zu sortieren	75
büchsen & fleisch	76
ein schlachtfeld aus beinen	77
versuche im zergliedern	78

matrjoschka	79
beinahe an den haaren herbeigeschrieben	80
ein regenschirm für dein gebiss	81
zehen im zeitalter ihrer additiven reproduzierbarkeit	82
einerlei, ist der mund doch aus mond	83
FÜNFTES KAPITEL: das steht hier nicht geschrieben	85
reime dich binnen & im lauf einer woche	87
das tapfere schneiderlein	88
kleine grammatologie	89

Nachweise

Im Rahmen des Programmes »TRAFO« der Kulturstiftung des Bundes sind folgende Gedichte unter dem Titel »wo die alb anfängt, dort hört der zug auf« auf der Schwäbischen Alb entstanden: »angstloch«, »benanntes gefilde«, »blindtext«, »das schrumpfen der welt auf wenige mm«, »das verschwimmen der linie zwischen drinnen & draußen«, »horror vacui aus wachs«, »myriaden von karten« und »schöne ware feil«. Die Gedichte wurden erstmals im Magazin #31 der Kulturstiftung des Bundes (Herbst/Winter 2018/19) abgedruckt. Herzlichen Dank an Friederike Tappe-Hornbostel!

Im Rahmen der Veranstaltungsreihe »Netzwerk: Poesie« mit dem Unabhängigen Literaturhaus Niederösterreich in Krems auf Einladung von Christoph W. Bauer sind folgende Gedichte in Auseinandersetzung mit anderen Autorinnen und Autoren entstanden: »wachpartikel (s. abbildung)« (nach Nico Bleutge: »mit wachs beklebt ...«), »beinahe an den haaren herbeigeschrieben« (nach Helwig Brunner: «besuch der forscherkompanie«), »mein bauch ist mein alles an welt« (nach Simone Lappert: »langschlaf«), »du gehst durch ein dornwald« (nach Elke Laznia: »Wir begannen unser Gespräch ...«), »tierischer staat« (nach Birgit Müller-Wieland: »Hören und Sehen«), »atlas eines stelldicheins« (nach Andreas Unterweger: »Zitronenblätter, Apfelblütenfalter ...«) und »einerlei, ist der mund doch aus mond« (nach Kathy Zarnegin: »Nächtlich geschürt«).

Das Gedicht »ein marionettentheater mit käfern« entstand in der Auseinandersetzung mit dem Gemälde »Beim ersten klaren Wort« von Max Ernst bei einem Workshop des Literaturbüros NRW in Düsseldorf. Herzlichen Dank für die Einladung an Maren Jungclaus!

Das Gedicht »obstbaumschnitt in bildern« wurde inspiriert vom Buch »Obstbaumschnitt in Bildern. Kernobst – Steinobst – Beerensträucher – Veredelung« von Hans Walter Riess (Obst- und Gartenbauverlag 2003).